AF357215

Revue Olympique

SPORTS – ÉDUCATION PHYSIQUE – HYGIÈNE

Paraissant tous les Mois

ORGANE OFFICIEL

du

COMITÉ INTERNATIONAL OLYMPIQUE

RÉDACTION ET ADMINISTRATION :

Mördelbürt, Bâle (Suisse)

DÉPÔTS DE LA REVUE OLYMPIQUE :

PARIS, 7, Rue de Lille. — AMSTERDAM, 62, Damrak. — BRUXELLES, 46, Montagne aux herbes potagères. — LEIPZIG, 5, Frommann Strasse. — LONDRES, 18, Wardour Street – 7, New Coventry Street – 68, Regent Street – Cecil Hotel, Strand. — MILAN, 14, via Lauro.

Abonnement d'un an : 6 francs, 5 schellings, 6 marks, 6 couronnes, 1 dollar 50.
Un numéro : 60 centimes, 6 pence, 60 pfennig, 60 öre, 15 cents.

Une

Olympie

Moderne

Les articles qui suivent ont paru dans la Revue Olympique. *Il est bien entendu qu'ils n'engagent en rien ni le Comité Olympique ni les concurrents mais ces derniers pourront y trouver, au besoin, certaines données, certains renseignements de nature à éclairer leur route et à leur faciliter la besogne. Le sujet qui leur est proposé, en effet, est d'un ordre nouveau. On s'est beaucoup exercé, au temps de son exhumation, à « restaurer » Olympie. Des talents ingénieux et consciencieux s'y employèrent. Mais, cette fois, il s'agit de tout autre chose. L'Olympie nouvelle ne doit tenir compte de l'ancienne que dans la mesure où se rencontrent les exigences du temps présent avec les coutumes antiques. En dehors de cette contingence, il faut innover et innover utilement en pleine connaissance de cause. Les jeunes architectes ne sont pas tous d'émérites sportsmen ni surtout des sportsmen éclectiques. C'est donc leur rendre service que de mettre à leur portée les informations désirables. L'auteur de* Une Olympie moderne *a étudié successivement : le cadre, — l'administration, — les qualifiés, — le programme des jeux, — les spectateurs, — les cérémonies. Sur tous ces sujets, il a émis des idées qui lui sont personnelles et qui — nous tenons à le répéter encore une fois — n'engagent que lui. Les concurrents ne doivent y chercher que des indications et nullement des prescriptions. Plusieurs de ces idées, sans doute, seront discutables et de mérite inégal. Elles n'émanent pas du Comité International et ne sauraient influer sur ses décisions à venir. Que chacun les pèse ; et qu'il les adopte ou les rejette dans la plénitude de son indépendance.*

PROGRAMME

du

CONCOURS INTERNATIONAL

D'ARCHITECTURE

PARIS 1910

Organisé par le Comité International Olympique

Sous le Haut patronage de

M. LE PRÉSIDENT DE LA RÉPUBLIQUE FRANÇAISE

I. — Le concours a pour objet d'élaborer les plans d'une

OLYMPIE MODERNE

comprenant :

1° Les édifices, portiques, arènes, pistes, etc..., propres aux épreuves de sport et d'art inscrites au programme des Jeux Olympiques modernes ;

2° Les aménagements servant aux spectateurs ;

3° Les édifices ou espaces nécessaires pour les cérémonies connexes aux Jeux ;

4° Les installations affectées à l'administration, aux athlètes etc.

Les concurrents auront aussi à déterminer les particularités topographiques du site choisi ou imaginé par eux.

II. — Les concurrents devront envoyer au minimum *quatre*, au maximum *six* cartons susceptibles d'occuper un espace d'ensemble de *deux mètres cinquante de long sur quatre mètres de haut.* L'un de ces cartons devra figurer un plan général de la Cité. Les concurrents pourront y joindre un mémoire explicatif qui ne devra pas excéder quatre mille mots.

III. — Tous les concurrents recevront un *Diplôme commémoratif;* leurs envois seront exposés au public et feront l'objet d'un

Rapport général sur les résultats du Congrès ; ce rapport contiendra la liste des concurrents. La *médaille olympique*, qui n'a été décernée que 17 fois depuis 1894, sera en outre attribuée au vainqueur du concours. Le jugement sera rendu par un jury composé de compétences internationales au nombre de cinq et représentant les différents points de vue : art, technique et sport.

IV. — Les concurrents sont priés de se faire inscrire autant que possible avant le 1ᵉʳ Mai 1910. La liste des concurrents sera close le *1ᵉʳ Octobre* et leurs envois devront parvenir *avant le 15 Novembre 1910* à M. Gaston Trélat, Directeur de l'Ecole spéciale d'Architecture, Commissaire général du Concours, 254, boulevard Raspail, *Paris*, à qui on est prié d'adresser toutes les communications relatives au concours.

UNE OLYMPIE MODERNE

I. — Le Cadre

L'antique Olympie fut une cité d'athlétisme, d'art et de prière.
C'est à tort que l'ordre de ces trois termes a été parfois renversé.
Le caractère sacré et le caractère esthétique d'Olympie furent des
conséquences de son rôle musculaire. La cité d'athlétisme était
intermittente ; la cité d'art et de prière, permanente. Il en sera de
même de l'Olympie moderne. Sa raison d'être sera la célébration
des Jeux et, dans l'intervalle des Jeux, s'y tiendront des concours
d'ordre secondaire, local et spécial. Mais l'art y séjournera de
façon continue et aussi la religion. Par là nous ne voulons pas
dire qu'on doive y élever une église ni des lieux de culte ni même
un de ces temples où s'affirme un déisme indéterminé. Si quelque
invocation à Dieu devait ouvrir ou clore les Olympiades, ce qui
répondrait au sentiment des Germains, des Anglo-Saxons et des
Slaves et pourrait par conséquent être imposé par eux aux Latins,
c'est évidemment en plein air que s'accomplirait la cérémonie ; on
la voudrait brève et simple ; dans ces conditions seulement, elle
acquerrait la majesté désirable. En aucun cas il ne saurait donc
être question de prévoir un édifice quelconque consacré à l'accom-
plissement de rites cultuels. C'est dans un autre sens que nous
avons employé le terme : religieux. Olympie ne méritait pas ce
qualificatif pour la seule raison qu'il s'y trouvait des temples, des
autels et des prêtres. La cité puisait sa sainteté dans le sentiment
de piété patriotique qui planait sur elle, dont était imprégné son
atmosphère et dont se revêtaient ses monuments. Toute Olympie,
digne de son nom et de son but, devra donner la même impression.
Une sorte de gravité qui ne sera pas nécessairement austère et peut
ne pas exclure la joie devra être répandue à l'entour de façon que,
silencieuse dans l'intervalle des concours, elle attire les visiteurs
comme une sorte de pèlerinage et leur inspire le respect des
lieux consacrés à de nobles souvenirs ou à de puissants espoirs.

C'est à l'architecture qu'il appartient d'assurer cet effet avec
l'aide de la sculpture, de la peinture et des autres arts décoratifs. On

conçoit fort bien qu'un ensemble de bâtiments participant comme silhouette de la caserne, de la gare de chemin de fer ou de la Halle aux grains ne soit pas à même de composer la cité désirable. D'un autre côté, le site choisi influera nécessairement sur la conception architecturale. Le lac Léman ou la baie de San-Francisco, les rives de la Tamise ou celles du Danube, la plaine de Lombardie ou la Puzta, ce n'est pas même ordre de lignes et de couleurs ; chaque paysage inspirera des plans différents et il est bon qu'il en soit ainsi, car la collaboration étroite de l'homme et de la nature est un des éléments essentiels de l'eurythmie en pareille matière.

Il est toutefois certains principes généraux qu'on peut spécifier. Une des caractéristiques les plus heureuses de l'époque moderne est d'être revenus à la conception des grands espaces, à la compréhension de leur beauté et de leur utilisation possible. D'une façon générale, il semble que les générations antiques n'aient pas su y parvenir. En Chine ou à Héliopolis, certaines traces subsistent de monuments isolés. Mais, presque partout ailleurs, nous trouvons l'entassement et l'entassement semble avoir été progressif. Il existait déjà dans l'Inde et en Egypte ; la Grèce l'accentua et le Forum romain le porta à un degré inouï. En reconstruisant par la pensée les édifices dont les ruines s'enchevêtrent à nos pieds, nous arrivons à un invraisemblable chaos d'où il semble que la notion du recul ait été bannie par système. L'Altis d'Olympis était aussi un chaos et il nous est bien difficile de ne pas croire que l'eurythmie en eût singulièrement augmenté si un peu d' « air » avait été donné à tant de monuments disparates serrés les uns contre les autres d'une étrange façon.

Il n'y a rien à imiter dans une telle ordonnance. Elle était impratique et gênante non moins que critiquable au point de vue de l'art. Toutefois cette espèce d'agoraphobie architecturale dont furent atteints nos ancêtres ne doit pas nous inciter à verser dans une agoraphilie inverse. L'Olympie moderne doit nécessairement comprendre de nombreux édifices, ainsi qu'on le verra par l'examen auquel nous allons nous livrer de son organisation éventuelle. Ces édifices, de par leur destination, seront souvent solidaires les uns des autres. Il y aurait un réel inconvénient à ce qu'ils fussent séparés par des distances trop grandes. En plus de cet inconvénient pratique, la beauté ne manquerait pas d'en souffrir à son tour par l'impossibilité où se trouverait le regard d'embrasser le plan d'ensemble de la cité. Le grand artiste Bartholdi avait coutume de dire que la silhouette d'un monument devait suffire à en indiquer de loin la destination. C'est une façon de parler. Mais il est certain que la moderne Olympie ne devrait pas se composer de constructions éparses dans un parc de casino.

Voilà encore un péril à éviter. La science du jardin a créé de nos jours un type incontestablement joli en soi-même, mais si banal qu'il en devient déplaisant. C'est le type: parc de casino. Toutes les stations thermales s'en sont ornées les unes après les autres; pelouses ondulées, arbres d'essences diverses disposés en une savante régularité, corbeilles fleuries semées le long de routes sablées dont aucune n'est droite. On appelait cela autrefois un jardin anglais par opposition au jardin à la française dont la régularité mathématique allait jusqu'à tailler les arbres pour leur donner un aspect uniforme. Entre ces types opposés, il peut y avoir place pour un éclectisme harmonieux. Le casino n'est pas le seul écueil. Les longues avenues droites prennent facilement un aspect de cimetière; il en faut pourtant, car rien n'est plus propice au développement des cortèges. Méfiez-vous aussi de l'hôpital. Il suffirait de quelques galeries couvertes reliant divers bâtiments entre eux pour donner à l'Olympie moderne une apparence de sanatorium modèle.

Eh! sans doute, la solution est difficile. C'est que, depuis cinquante ans, nous avons construit et vu construire des casinos et hopitaux en grande abondance alors que ni notre génération ni aucune de celles qui l'ont précédée immédiatement n'a jamais rien contemplé qui ressemblât de près ou de loin à une Olympie. Et pour ardu que cela rende le problème, n'y puise-t-il pas d'autre part un supplément d'intérêt?

Pour nous résumer, il importe premièrement, que la cité olympique se révèle au visiteur sinon dans sa totalité, croyons-nous (la disposition du terrain peut ne pas s'y prêter) du moins en un ensemble grandiose et digne. Secondement, il est désirable que cette première vision de la cité soit en rapport avec son rôle, c'est-à-dire qu'autant que possible l'aspect en souligne le double caractère sportif et artistique. Troisièmement, sa silhouette doit évidemment chercher à s'harmoniser avec le paysage environnant et à en tirer parti. Quatrièmement, il serait sans doute fâcheux d'imiter l'entassement antique et ce serait une erreur inverse de s'épandre démesurément en superficie. Voilà ce qui nous semble acceptable pour tous comme principes généraux touchant le cadre de la cité. Après cela, n'empêchons pas peut-être de concevoir un chef-d'œuvre celui qui, s'inspirant d'un idéal tout inverse, proposerait une sorte de Mecque olympique, enfermée derrière ses murailles jalouses et y cachant ses merveilles comme en un écrin discret. Le génie s'accommode parfois d'idées étranges et, avant tout, on ne doit pas décourager le génie.

Un dernier mot. Quand on parle de l'Olympie antique on tient pour entendu qu'elle se composait de deux parties distinctes. L'Altis ou enceinte sacrée était l'Olympie proprement dite. En dehors et tout contre s'étendait la ville profane, celle des hôtelleries et des marchands. Une telle disposition est à conserver. Du moins conviendrait-il de s'en inspirer en prenant soin que le logement des athlètes, les restaurants, les annexes de tout ordre se tinssent sur la lisière, un peu dissimulés ceux-là, loin de la « Cour d'Honneur » s'il y en a une, sans lien direct avec ce qui doit être le cœur et le centre de la cité, c'est-à-dire les lieux de sport et de musique, le théâtre, la bibliothèque.

Voilà ce que nous avons à dire concernant le cadre. Les édifices seront-ils d'un style unique ? Emprunteront-ils aux différents styles connus leurs meilleures qualités ? Ou bien verra-t-on surgir un style nouveau qui méritera de porter dans l'histoire le nom d'olympique ? Si grande que soit une pareille ambition, n'est-elle pas de nature à tenter de jeunes talents avides d'une gloire légitime et d'un renom de bon aloi ?

II. — L'Administration

L'administration de la cité olympique nouvelle ne saurait différer beaucoup de celle de l'Olympie antique en ce que les besoins mêmes de l'institution lui imposent un double caractère qui n'est contradictoire qu'en apparence ; cette administration doit être à la fois intermittente et permanente. Olympie ne s'endormait pas d'une Olympiade à l'autre. Tout au plus pourrait-on dire qu'elle somnolait par instants. Mais il est certain que des concours, des fêtes, des pèlerinages l'animaient fréquemment ; de plus, l'activité préparatoire aux Jeux se manifestait sans doute plus d'une année à l'avance et il fallait bien une demi-année pour que, les Jeux célébrés, le calme total pût y revenir. L'intervalle d'inactivité olympique à proprement parler doit donc être ramené à deux ans seulement. Ne pas utiliser certains des aménagements sinon tous, pendant cette période, reviendrait à priver la cité de ressources budgétaires considérables et qu'on n'a pas le droit de négliger. Dans le concours qui est l'occasion de la présente étude, aucune indication de prix de revient ne limite la verve imaginative des architectes; ce n'est pas une raison pour mettre de côté systématiquement une source importante de profits éventuels. Du reste la cité olympique dût-elle demeurer deux années durant dans un complet nirvana qu'il faudrait encore un embryon d'administration pour veiller sur elle et présider utilement à son entretien.

Ainsi, au point de vue administratif, il y a lieu de distinguer quatre sortes de rouages : les premiers absolument permanents ayant trait à la conservation des édifices et des terrains, — les seconds plus ou moins permanents s'appliquant à l'utilisation possible de ces mêmes édifices et terrains dans l'intervalle des Jeux, — les troisièmes, périodiques, consacrés à l'organisation proprement dite de chaque Olympiade, — les quatrièmes, permanents, assurant le service des affaires d'ordre olympique et de tout ce qui s'y rapporte.

On peut s'y prendre de façons assez différentes pour répondre à ces desiderata variés. Aussi le plan que nous proposons n'a-t-il rien d'absolu ; c'est, à notre avis, un plan type susceptible, bien entendu, d'être modifié et, sans doute, amélioré par chacun. Nous suggérerons en tout premier lieu un Conseil d'administration constituant, avec le Sénat olympique, les deux assises permanentes de la cité au point de vue administratif. Un conservateur, émanation du premier de ces corps et résidant dans l'enceinte ou à proximité, et un secrétaire général, émanation du second, centraliseraient les affaires de leurs départements respectifs. L'un aurait dans son domaine toute la partie matérielle : réparations, jardinage, service des eaux, de l'électricité, etc... ; l'autre aurait la correspondance avec les comités olympiques nationaux et les fédérations et sociétés sportives. Le premier rendrait compte au Conseil d'administration ; le second au Sénat olympique. Il y a déjà, en somme, un Sénat olympique : c'est le Comité International qui a toujours marqué son dessein de ne point s'ingérer dans le détail de l'organisation des Olympiades et affirmé sa résolution de représenter l'institution en se tenant en dehors et au-dessus des compétitions et des querelles intestines. Le Conseil d'administration qui représenterait probablement la société financière formée pour exploiter la cité, se trouverait soumis, quant à sa formation et à son renouvellement, à la législation habituelle à ce genre de sociétés. Le Sénat continuerait de se recruter lui-même selon le mode adopté par le Comité International et dans les mêmes conditions. Il y aurait enfin une Commission composée de neuf membres (quatre désignés par le Conseil et cinq par le Sénat) et à qui incomberait le soin d'autoriser, dans l'intervalle des Jeux, les festivals d'art ou de sport susceptibles d'être organisés par des groupements étrangers à l'institution olympique et de fixer les conditions dans lesquelles ces festivals pourraient avoir lieu. Le service permanent de la bibliothèque relèverait de cette Commission.

Que si le plan que nous venons de suggérer était adopté il y aurait donc lieu de prévoir : 1º un *palais du Sénat*, comprenant une grande salle de réception et une salle de délibération pour une cinquantaine de personnes ; 2º un *palais administratif* comprenant : la salle de réunion du Conseil d'administration, la salle de réunion de la Commission mixte, la demeure du conservateur, les bureaux des services de conservation (six employés) (1), les bureaux du secrétaire général (deux employés) (2). Ces deux palais s'élèveraient dans l'enceinte, dans l'Altis. Il n'y aurait à prévoir, en outre, que la demeure du jardinier-chef et celle du garde qui pourraient tous deux faire fonctions de concierges aux entrées. Resterait ce qui a trait aux rouages intermittents, c'est-à-dire les locaux nécessaires au *Comité d'organisation* de chaque Olympiade (sports, concours d'art, fêtes et représentations, finances et contentieux, etc.). Ces locaux-là devraient être construits sur la lisière de l'enceinte en annexes architecturales de la cité, de façon à ne pas en gâter l'apparence et pourtant à ne pas s'en trouver éloignés à une distance qui serait impratique et gênante.

Dans la même région devrait s'élever un *hôtel* du genre extensible, c'est-à-dire organisé pour demeurer ouvert en tout temps mais pour pouvoir. aux périodes olympiques, accommoder un nombre considérable de résidents. Notons qu'il ne s'agit pas d'y

---

(1) Eaux et électricité, bâtiments, jardins, finances.
(2) Correspondances et archives.

recevoir les spectateurs, le public. Non ; l'hôtel en question serait érigé en vue de ceux auxquels leur mission de délégués ou de participants à un titre quelconque à l'organisation des fêtes ou des concours imposerait l'obligation d'une résidence temporaire mais généralement de quelque durée. Ce seraient des hommes en pleine activité vitale ; il leur faudrait du confort mais ils seraient prêts à se contenter d'une certaine simplicité et d'une certaine uniformité quant au logement et à la nourriture ; l'architecture et l'aménagement de l'établissement se ressentiraient naturellement de ces conditions spéciales. A l'entour, il conviendrait de prévoir les espaces nécessaires à l'installation d'un *camp* et aussi des sortes de *casernements* pour loger les athlètes pendant les Jeux. Ces dernières constructions n'étant utilisables que dans la belle saison et pour de très brefs séjours, il y aurait naturellement à leur appliquer des procédés particuliers quant aux matériaux et aux plans. Nous examinerons, dans les prochains chapitres, quel serait le nombre approximatif des athlètes à pourvoir pour chaque Olympiade ainsi que celui des « officiels », membres des jurys et autres. Quant aux membres du Comité d'organisation, leur chiffre ne devrait pas excéder la cinquantaine.

Annexées à l'hôtel seraient des *dépendances* comprenant notamment des écuries pour une soixantaine de chevaux et des logements pour un personnel de passage pouvant s'élever à cinquante hommes. Il n'y a pas lieu de s'inquiéter ni d'ateliers de réparations, ni d'usines électriques ou autres. Il n'y a pas de motif de penser que l'Olympie moderne s'élèverait dans un désert, loin de toute ville pouvant lui fournir la force, l'eau et la lumière. De plus en plus force, eau et lumière vont circuler à travers les campagnes, desservant même les centres de minime importance.

Dans le tableau que voici, nous n'avons pas la prétention d'avoir tout prévu : sans compter, redisons-le, que la formule administrative que nous proposons peut être remplacée par une autre. Nous estimons toutefois avoir songé à tous les rouages essentiels d'une cité olympique moderne et par là avoir aidé efficacement dans leur travail les participants au concours international d'architecture.

III. — Le programme des Jeux

Lorsque les Jeux Olympiques furent rétablis en 1894, il fut stipulé qu'ils comprendraient autant que possible toutes les formes d'exercice en usage dans le monde moderne. Ce vœu s'est trouvé pleinement réalisé lors de la IVe Olympiade célébrée à Londres en 1908. Le programme des Jeux de Londres ne sera certainement jamais dépassé au point de vue du nombre des épreuves qui eurent lieu. Il est probable qu'il ne sera pas toujours atteint. Quoi qu'il en soit, nous nous en inspirerons pour dresser la liste des sports auxquels il convient que l'Olympie moderne donne asile, tout en tenant compte de certains desiderata exprimés ou de certaines décisions prises depuis lors par le Comité International : par exemple la suppression du cyclisme sur piste, ce qui supprime du même coup le vélodrome de la liste des édifices à prévoir.

Cinq grandes divisions s'affirment dont le souci achitectural doit s'inspirer : les sports athlétiques et gymniques, les sports de combat, les sports nautiques, les sports équestres, enfin les jeux proprement dits.

Les sports athlétiques et gymniques comprennent : les exercices de gymnastique individuels et collectifs, les courses à pied, les sauts, les lancers (poids, disque, javelot). Pour s'épandre à l'aise il leur faut une *vaste esplanade et des pistes.* Tout naturellement on a eu tendance à adopter la solution de la piste ovale avec l'esplanade au centre et des tribunes de spectateurs sur le pourtour. Stade comme à Athènes, arènes comme à Londres, l'aspect général est également inesthétique. Quelle différence entre ces ellipses ennuyeuses et, par exemple, la piste du Racing-Club de Paris artistement dessinée à travers des pelouses ombragées. Les terrains du Hurlingham à Londres, de Travers-Island à New-York sont également à citer en exemples. Ils suffisent à prouver qu'on peut atteindre l'excellence technique sans pour cela sacrifier la beauté des arrangements.

Les sports de combat comprennent : l'escrime proprement dite (épée, sabre, canne, bâton), la boxe, la lutte et le tir. Après s'être enfermée longtemps en des locaux hermétiquement clos et, partant, médiocrement sains, l'escrime a fini par s'aviser qu'elle pouvait aisément devenir un sport de plein air, et tout le monde s'en est trouvé bien. C'est à elle, semble-t-il, que s'adapteraient le mieux ces *espaces entourés de portiques* qu'affectionnaient les architectes d'autrefois. La boxe et la lutte s'y encadreraient également bien. L'obligation de pourvoir à la sécurité ne permet pas d'adopter pour le tir une autre disposition que celle du *stand*, tel qu'il est en usage aujourd'hui, mais les vilaines murailles latérales en peuvent être transformées en talus verdoyants. De plus, si l'on inscrit au programme comme ce fut le cas à Londres, le tir au vol sur gibier artificiel, il faut prévoir un *terrain* en éventail avec suffisamment d'horizon pour écarter tout péril.

Les sports nautiques sont : la natation avec son annexe le jeu de water-polo, l'aviron et le yachting. Nous dirons tout de suite que le yachting ne peut être créé artificiellement. Si l'Olympie s'allonge ou s'étage au bord de la mer ou d'un lac tel que le lac Léman, ou bien si elle se trouve comme Berlin ou Madison à proximité d'un véritable réseau lacustre, les courses de yachts peuvent y être organisées mais le rôle de l'architecte se borne, en ce cas, à dessiner un *port d'abri* et quelques embarcadères ou estacades. Une simple rivière navigable, de petites dimensions, insuffisante au yachting, suffit au contraire au sport de l'aviron. Quant à la natation, il est préférable de lui réserver une *piscine*, soit à ciel ouvert, soit dans un édifice fermé. Autant en ce dernier cas en profiter pour y annexer des *thermes* complets, l'hydrothérapie étant l'accompagnement obligé de tout athlétisme. L'occasion est tentante, les modernes n'étant pas encore parvenus à rivaliser, sous ce rapport, avec les grands ancêtres latins.

Les sports équestres sont évidemment les plus encombrants et les plus coûteux ; de là vient qu'ils n'aient pu, le plus souvent jusqu'ici, figurer de façon complète aux Jeux Olympiques. Londres pourtant a eu le polo et aussi un concours hippique international qui, bien que donné en dehors de l'Olympiade, l'a heureusement complétée sous ce rapport. La partie équestre des Jeux Olympiques ne doit comprendre ni courses de chevaux ni concours hippiques, au sens habituel du mot, c'est-à-dire des manifestations où l'amélioration de la race chevaline et les questions qui s'y rattachent entrent en ligne de compte au même degré que les talents du cavalier, et même à un degré supérieur. En plus du jeu de polo doivent avoir lieu les exercices susceptibles de mettre en relief l'habileté, l'énergie, la souplesse, la science du concurrent : passages et sauts d'obstacles notamment, jeu de bagues, pig-sticking, etc... On peut aussi escompter pour l'avenir la diffusion d'un admirable sport : l'escrime à cheval avec sa compagne la lutte à cheval, laquelle n'est guère pratiquée aujourd'hui qu'en Angleterre. Un *champ de jeu* pour le polo, une *arène* pour les exercices équestres constituent donc le centre indispensable de cette partie des Jeux Olympiques. Cette arène peut être couverte ou à ciel ouvert et revêtir telles formes que fixera la fantaisie de chacun.

Sous la rubrique de jeux proprement dits, il faut ne ranger que les jeux dûment internationalisés par la pratique universelle. Le cricket n'a guère de charmes pour les non Britanniques et, jusqu'à présent, il semble qu'on doive être Américain pour goûter le base-ball. Quant à la crosse, c'est un sport presque exclusivement canadien. Il en va autrement du lawn-tennis, du foot-ball et, jusqu'à un certain point, de la courte-paume et du hockey. Le foot-ball et le hockey ne réclament qu'une *prairie* de dimensions voulues : huit *terrains de tennis* suffisent amplement au tournoi le plus nourri. La courte-paume se joue dans des *salles* dont l'art architectural ne saurait guère modifier les aspects forcément disgracieux.

L'industrie moderne a trouvé le moyen de créer de la glace artificielle mais il n'est guère raisonnable d'escompter le moment où une chimie perfectionnnée pourra étendre sur le flanc des collines de la neige résistante et durable. Dès lors le patinage est le seul des trois grands sports d'hiver qui pourrait à la rigueur avoir place dans l'enceinte olympique. La dépense serait énorme et les dimensions de la patinoire nécessairement restreintes. Il vaut mieux s'en tenir à la solution qui consiste à grouper ailleurs en hiver sous le nom de Jeux du Nord, ces sports spéciaux.

Par contre on peut prévoir un *aérodrome* avec les installations nécessaires aux aéroplanes et au gonflement des ballons libres, le dirigeable ne pouvant passer pour un instrument de sport. Reste un dernier sport — l'alpinisme — qui ne peut figurer au programme des Jeux que par la remise d'un prix à l'auteur de l'ascension jugée la plus méritoire parmi celles des quatre dernières années. On nous fera peut-être remarquer que nous ne parlons pas de l'automobile. Il en est de l'automobile comme du cyclisme ; il n'est plus admis par le C. I. O. que sur route, en manière de *cross-country*.

Voilà pour la partie sportive du programme des Jeux modernes; reste à parler de la partie littéraire et artistique.

La conférence consultative convoquée par le Comité International Olympique et qui siégea à la Comédie française à Paris en mai 1906, avait pour but, comme on s'en souvient, « d'étudier dans quelle mesure et sous quelle forme les Arts et les Lettres pourraient participer à la célébration des Olympiades modernes et, en général, s'associer à la pratique des sports pour en bénéficier et les ennoblir ». Nous ne nous attarderons pas aux vœux multiples émis par cette conférence, ni aux très fructueuses discussions dont furent l'objet les divers articles du programme offert à ses délibérations. Un des articles de ce programme avait trait à l'organisation de concours artistiques et littéraires qui seraient annexés désormais aux Jeux Olympiques. C'était revenir, en la précisant, à la tradition antique. Mais comme l'a écrit le rénovateur des Olympiades, M. Pierre de Coubertin, la première chose était de les faire revivre, et la seconde de les ciseler. Trois Olympiades ayant été célébrées avec succès, on pouvait songer maintenant à les revêtir de raffinement et de beauté ; auparavant la tentative eût été prématurée. A l'unanimité fut approuvé le projet d'instituer cinq concours d'architecture, de sculpture, de peinture, de littérature et de musique, destinés à faire partie désormais de chaque Olympiade au même titre que les concours athlétiques. Les sujets choisis — seule condition requise — seraient inspirés par l'idée sportive ou en rapports directs avec les choses du sport. Les œuvres couronnées pourraient être — la décision des juges intervenant assez à temps — exposées, exécutées ou représentées au cours des Jeux, selon qu'il s'agirait de tableaux, de statues, de poèmes symphoniques, d'œuvres dramatiques. Mais, de toutes façons, les lauréats de ces concours participeraient avec les athlètes vainqueurs, à la distribution générale des récompenses.

Conformément à ce vœu auquel le Comité International compte bien donner, dès qu'il sera possible, force de loi, les organisateurs anglais de la IVᵉ Olympiade, publièrent, pour 1908, un programme établi avec l'aide de la Royal Academy of Arts. Ils choisirent les sujets mis au concours : procession d'athlètes antiques, match de football, groupe de lanceurs de disque, établissement de natation avec piscine, sports club et dépendances... tels furent ceux des compétitions de peinture, sculpture et architecture. Mais ce programme, arrêté seulement en octobre 1907, n'était plus réalisable faute de temps. Il sera repris aux Olympiades suivantes, un peu modifié, sans doute, en ce sens que les concurrents seront probablement laissés libres de choisir leurs sujets. Quoi qu'il en soit, au point de vue qui nous occupe, l'Olympie dont nous rêvons ne peut manquer de contenir une *enceinte* pour les auditions musicales ou les représentations théâtrales et des *galeries* d'exposition.

Nous disons à dessein : une enceinte — et non une salle de concert et de théâtre. Non pas que cette solution soit exclue. Affaire de climat, du reste, dans une grande mesure. Mais ce n'est pas à l'heure où ressuscite de tous côtés le goût du plein air qu'il conviendrait de n'apercevoir qu'un des aspects de la question. Ne pourrait-on d'ailleurs trouver une formule nouvelle du genre de celle qui fut esquissée au fameux Théâtre du Peuple de Bussang et par laquelle le plein air et la construction puissent s'associer utilement d'une façon qui serait très olympique. Aux architectes de s'ingénier. En tous cas les voici prévenus ; l'Olympie moderne aura des tableaux, des cartons, des statues à exposer, des auditions musicales et des représentations théâtrales à organiser.

IV. — Les Qualifiés

Combien d'athlètes, dans l'Olympie moderne, prendront part aux Jeux ? La question est de celle dont les participants au concours d'architecture ont motif de s'inquiéter. Le nombre des athlètes et le nombre des spectateurs, voilà deux données très essentielles. Les dimensions de la nouvelle cité en dépendent. Nous parlerons au chapitre suivant des spectateurs. Pour ce qui est des athlètes un problème préalable se pose, celui de la qualification. Il est évident que les Jeux Olympiques ne peuvent être ouverts à tous venants en un temps ou pareille hospitalité, vu la popularité universelle dont jouissent les sports, aboutirait facilement à plus de dix mille inscriptions et nécessiterait des éliminatoires interminables. Mais par quels procédés fixer le chiffre et la qualité de ceux qui seront admis à concourir ?

La qualification se présente sous plusieurs aspects. Elle peut être technique, ethnique, sociale, morale. Les Grecs en admettaient une autre ; chez eux certaines prescriptions religieuses étaient de règle. Il est à peine besoin d'indiquer qu'aujourd'hui discuter l'utilité d'une pareille législation serait oiseux. De même toute tentative pour ériger le privilège de certaines classes sociales au détriment des autres révolterait la conscience publique. Les sports modernes ne peuvent admettre d'autre aristocratisation que celle de la perfection musculaire et celle-là n'est l'apanage d'aucune catégorie d'individus. Voilà pour la qualification sociale. La qualification ethnique figure déjà en quelque manière dans la charte du rétablissement des Olympiades ; il y est dit que chaque pays ne peut être représenté que par ses nationaux : nationaux de naissance et nationaux régulièrement naturalisés ; la résidence même à vie ne saurait suffire ; il faut qu'on puisse se réclamer du drapeau sous les plis duquel on lutte.

La qualification morale existait dans l'antiquité, connexe aux prescriptions d'ordre religieux. De nos jours nous croyons qu'elle s'imposera de nouveau. Plus la solennité des Olympiades ira croissant, plus on tendra à leur rendre hommage si l'on peut ainsi dire, par l'épuration des participants, par la formation d'une véritable élite digne d'une circonstance si exceptionnelle. Mais ce qui s'impose d'une façon bien plus immédiate et bien plus nécessaire, c'est de réglementer la qualification technique. On conçoit, comme nous le disions à l'instant, que les Jeux ne peuvent comporter d'épreuves qu'entre les champions probables. Si le premier venu pouvait s'inscrire, les éliminatoires encombreraient la période olympique de concours sans intérêt et d'une organisation aussi coûteuse que délicate. Jusqu'ici ce sont les comités olympiques nationaux qui, formés dans chaque pays en vue des Jeux, ont procédé aux éliminatoires ou bien, plus simplement, ont choisi, parmi ceux qui se trouvaient libres de faire le déplacement, les athlètes dignes de représenter leur pays et capables sinon de remporter des victoires, du moins de se classer honorablement. Cette manière de procéder n'a pas été sans inconvénients : ou bien les éliminatoires n'ont pas eu lieu dans les conditions d'exactitude et de perfection désirables ou bien la désignation directe s'est trouvée entachée d'arbitraire. Aussi semblerait-il plus normal que fussent qualifiés de droit, par exemple, les vainqueurs des championnats nationaux disputés depuis quatre ans dans les diverses branches de sport. Les comités olympiques n'auraient dès lors qu'à dresser la liste des championnats « reconnus », c'est-à-dire présentant les garanties nécessaires — et la question de la qualification se trouverait fort simplifiée. Toutefois là encore, certaines difficultés naitraient peut-être du fait qu'il n'existe pas dans tous les pays des championnats véritablement nationaux mettant en présence des repésentants des diverses régions du pays. Prenez par exemple, un Etat aussi vaste que l'est le Vénézuéla. Il se passera du temps certes avant que le développement sportif y autorise rien de semblable. Ce n'est pas un motif pourtant pour que nul athlète vénézuélien ne se trouve à même de participer aux Jeux. Dans de tels pays, la méthode du choix direct opéré par une commission constituée *ad hoc* s'imposera donc encore longtemps.

Quels que soient les procédés définitivement adoptés en vue de la qualification technique, il restera toujours indispensable que le nombre des concurrents se trouve limité par le règlement général olympique à tant d'athlètes par pays et par branche de sport. Et le nombre maximum ainsi fixé sera sans doute rarement atteint car si les pays qui ont des ressources considérables en hommes et en argent se trouvent à même de profiter de tous les avantages qui leur sont offerts, les pays les moins fortunés n'enverront en général que les quelques concurrents ayant vraiment des chances. Et d'autre part, il ne paraîtrait guère possible de traiter chaque nationalité sur un pied différent, la géographie athlétique ne correspondant point à la politique. A l'heure actuelle la Suède n'est pas embarrassée pour dresser une liste de concurrents tandis que la Russie l'est.

Tout compte fait, on peut estimer de 800 à 1200 le nombre moyen des athlètes devant prendre part aux quatre catégories de sports qui constituent le programme olympique : sports athlétiques et gymniques, sports de combat, sports nautiques, sports équestres — et on peut les répartir à peu près comme suit : sports athlétiques et gymniques : de 500 à 650 concurrents — sports de combat : de 180 à 250 — sports nautiques : de 60 à 100 — sports équestres : de 60 à 100 — Total : de 800 à 1200. Restent les jeux qui, ayant lieu par équipes, supposent tout de suite un accroissement numérique assez considérable : mettons de 200 à 500. Voilà les données qui semblent raisonnables pour une Olympiade modèle et d'après lesquels les participants au concours d'architecture devront, semble-t-il, arrêter les proportions de la cité dont ils vont dresser le plan. Quant aux artistes et littérateurs présentant leurs œuvres aux Jeux Olympiques, il semble peu probable que leur nombre nécessite jamais d'éliminatoires ; mais si cela était, de pareilles éliminatoires seraient faciles à organiser ; il suffirait d'un jury national fonctionnant dans chaque pays et ne laissant passer que les œuvres les meilleures.

V. — Les Spectateurs

La question des spectateurs, disions-nous, constitue avec celle
des athlètes une des bases essentielles pour apprécier les dimensions à donner à la cité olympique. Au premier abord, il semble
que tout se borne à faire le plus de place possible en vue de
foules aussi nombreuses que possible. On s'est habitué à apprécier
le succès d'une fête par le chiffre des assistants ; tant plus qu'il y
en a, comme disent les paysans, tant plus qu'on est content.
Appliquer ce grossier principe d'une manière permanente et définitive aux Jeux Olympiques, ce serait commettre la pire des
erreurs. Nous disons : d'une manière permanente et définitive
car, au début, la foule a son rôle à jouer qui est un rôle de
consécration. Les milliers et milliers de spectateurs qui se grou-
pèrent à Athènes, à Saint-Louis, à Londres, pour applaudir les
vainqueurs des premières Olympiades donnèrent à l'institution
son caractère mondial et international. De plus, quand il s'agit
d'Olympiades dont le siège se transporte tour à tour d'un pays à
un autre, on peut toujours compter sur la foule parce que ses
éléments se renouvellent. Le projet dont il s'agit ici — l'établissement d'une nouvelle Olympie — ne permet pas ce calcul. Au train
dont vont les choses, on peut prévoir l'époque où il y aura satiété
en ce qui concerne les spectacles sportifs, où la mode s'en détour-
nera, où l'opinion des non-sportifs deviendra indifférente. En ce
temps-là, l'appel à la foule par voie d'affiches, de réclames, etc...,
risquera de ne pas aboutir. Sans doute, l'Olympie moderne par
la beauté du cadre et la collaboration des arts attirera toujours ;
il serait vain de compter néanmoins sur la fidélité des multitudes.

Nous ajouterons que ce ne serait pas là une certitude désirable,
ni au point de vue technique ni au point de vue artistique. Techni-
quement, l'assistance trop nombreuse et où domine l'élément
non-sportif nuit au sport. Le spectateur idéal en matière de sport,
c'est le sportsman au repos qui interrompt son propre exercice
pour suivre les mouvements d'un camarade plus habile ou mieux
entraîné. Voilà le principe ; on ne peut s'y tenir évidemment ;
mais il faut s'en rapprocher. Quant au point de vue artistique, non
seulement la grande foule moderne est laide par sa silhouette et
sa couleur, mais il n'est pas facile de rendre supportable tout ce
que cette foule exige pour être contenue : tribunes, enceintes,
barrières, guichets, etc.

D'un autre côté, le système des invitations qui satisferait parfaitement les exigences de dignité et de mesure de l'institution olympique est malaisément recommandable parce qu'il supprime complètement le chapitre recettes. Il semble qu'un système mixte pourrait être mis en pratique, lequel consisterait à vendre un certain nombre d'entrées à des prix élevés et à distribuer les autres avec tact et intelligence parmi ceux qui ne peuvent pas payer. C'est là une manière assez moderne et assez démocratique d'envisager les choses. Il y a toute une catégorie de gens qui marquent d'autant plus d'intérêt à un spectacle que ce spectacle coûte plus cher. Cette catégorie existait jadis à Athènes; elle se rencontre de nos jours dans tous les centres où la civilisation est quelque peu avancée.

Mais, en traitant ce sujet, nous sortirions du nôtre. La question « profits et pertes » n'est pas du ressort des architectes auxquels on demande d'imaginer pour les modernes Olympiades un cadre digne de leur passé et de leur avenir. Tout ceci au reste était pour en arriver à fixer un chiffre approximatif de spectateurs. Eh bien ! nous proposerons une moyenne de dix mille. C'est là-dessus qu'on devrait tabler. Nous sommes loin des 70.000 ou 80.000 spectateurs entassés dans les stades d'Athènes ou de Londres. Mais ces dix mille, nous pouvons du moins escompter leur assiduité et puis ils ne détruiraient pas l'esthétisme du cadre.

Ils ne la détruiraient pas à condition d'être bien répartis. Pour cela, il conviendrait de chercher à éviter ces fâcheux gradins où l'entassement s'opère et dont l'ensemble compose une figure lourde aux arêtes géométriques, déplaisante aux regards et faite pour nuire à tout ce qui l'entoure. Vous pouvez chercher à embellir une tribune par tous les moyens et la placer au sein du paysage le plus avenant; une fois remplie, elle dessinera presque toujours un bloc hideux. Les pelouses et les terrasses permettent d'éviter cet inconvénient. Là, les spectateurs ont la liberté de se mouvoir. S'ils se groupent, c'est pour un instant; si les silhouettes de leurs groupements sont vilaines, elles sont du moins changeantes. C'est quelque chose. Naturellement, l'aménagement de pelouses et de terrasses exige beaucoup plus de terrain disponible. Il exige aussi passablement d'art et de goût. Il y faut de l'irrégularité, de la fantaisie et de l'ordonnance tout à la fois; et surtout il faut que les exigences techniques soient respectées, qu'un emplacement ne commande pas l'autre, qu'ils ne se masquent pas la vue les uns aux autres. Nous croyons qu'il est peu de points sur lesquels l'imagination d'architectes entreprenants et novateurs puisse exercer plus heureusement son effort. On est à cet égard dans une ornière. Honneur à qui trouvera et indiquera *the way out*.

VI. — Les Cérémonies

Le chapitre des « cérémonies » est, on le comprend, l'un des plus importants à régler. C'est par là surtout que l'Olympiade doit se distinguer d'une simple série de championnats mondiaux. Elle comporte une solennité et un cérémonial qui ne seraient point de mise en dehors du prestige que lui valent ses titres de noblesse.

Et d'autre part, il convient d'éviter l'écueil d'une vaine parade et de se tenir strictement dans les limites du bon goût et de la mesure.

Si nous consultons l'histoire, nous apercevons l'antique Altis sillonnée, durant les Jeux, de cortèges de toutes sortes mais auxquels le plus souvent, un acte religieux servait de prétexte. Athlètes, spectateurs, fonctionnaires offraient des sacrifices successifs aux divinités symboliques dont les images et les autels parsemaient l'enceinte sacrée. Il est bien difficile de déterminer le degré de majesté et de véritable beauté atteint par ces évolutions ; elles s'accomplissaient en tous cas avec le sérieux désirable. Les anciens possédaient évidemment le *sentiment de l'évolution collective* que nous avons perdu mais qu'il serait aisé de retrouver, aucune bonne raison ne permettant de leur attribuer à cet égard une supériorité immanente ; leur supériorité, ils l'avaient acquise et développée par l'habitude. Il faut avouer que le caractère particulièrement humain que revêtaient les cultes alors en vigueur facilitait cette acquisition et ce développement. De nos jours, il n'y a plus guère de culte public possible et ses manifestations de toutes façons ne se prêteraient à rien d'équivalent. Quant aux fêtes civiles, on n'est encore parvenu nulle part à leur donner un aspect de véritable noblesse et d'eurythmie.

L'expérience de l'antiquité, toutefois, peut nous être utile. Les « sacrifices » dont nous évoquions tout à l'heure le souvenir, n'étaient que des formules recouvrant l'expression d'un double sentiment d'ordre élevé. A Olympie on se réunissait pour faire à la fois un pélerinage au passé et un acte de foi en l'avenir. Voilà bien ce qui conviendrait également aux Olympiades ressuscitées. C'est leur rôle et leur destin d'unir à travers l'heure fuyante ce qui fut et ce qui sera. Elles sont par excellence les fêtes de la jeunesse, de la beauté et de la force. Il faut donc chercher dans cette même note le secret des cérémonies à instaurer.

Il en est une qui existait jadis et qui peut être transposée presque telle quelle. C'est le serment. Avant l'ouverture des Jeux, les athlètes admis à concourir se rendaient dans le temple de Zeus et juraient d'observer en tout la loi des Jeux. Ils se déclaraient sans tares et dignes de paraître dans le Stade. L'image du Dieu remplacée pour chacun par le drapeau de sa patrie, la cérémonie ne ferait assurément qu'y gagner en grandeur, et cette « modernisation » est tellement indiquée qu'il ne vaut pas la peine d'y insister.

Aux récentes Olympiades, la proclamation de l'ouverture des Jeux s'est faite avec une recherche de solennité très appropriée. Nous disons : recherche, car la présence des souverains ou chefs d'État qui, en 1896, en 1904, en 1908, ont prononcé les paroles sacramentelles ne suffisait pas à donner à la circonstance l'ampleur dont elle était susceptible.

A Athènes, des chœurs admirables et un lâcher de pigeons accompagnèrent la proclamation faite par le roi Georges. A Londres, ce fut un défilé assez réussi d'athlètes qui constitua le « clou de la journée ». Le défilé, à vrai dire, semble mieux convenir à la distribution des récompenses qu'à celle de l'ouverture des Jeux. La distribution des récompenses, jusqu'ici, s'était accomplie de la façon la plus vulgaire et la plus hideuse, les lauréats se présentant en tenue de ville, en désordre et sans le moindre souci d'esthétique. Londres innova quelque peu. Le plus grand nombre des jeunes gens parurent dans la tenue de leurs exercices respectifs et ce simple fait transforma complètement l'aspect de la cérémonie. Mais d'un bout à l'autre des Jeux de 1908, la musique fut oubliée : tout se borna aux éclats cuivrés et aux rengaines accoutumées des orphéons. De grandes masses chorales alternant avec de lointaines fanfares constituent par excellence la base des symphonies olympiques que les musiciens de l'avenir voudront sans doute composer. Il leur faudra en quelque sorte la collaboration des architectes. Les problèmes d'acoustique ne se trouvent pas résolus par le fait du plein air. Les « écrans » y jouent un grand rôle et de plus on ne saurait oublier que l'invisibilité des exécutants fut un des dogmes novateurs de l'esthétique wagnérienne, dogme qui compte des fidèles de plus en plus convaincus.

Donc les cérémonies seront peu nombreuses mais importantes : le serment des athlètes, la proclamation de l'ouverture des Jeux, la distribution des récompenses... telles sont les principales journées, les journées obligatoires. Ajoutez-y la remise éventuelle des diplômes olympiques rarement décernés.

Ces fêtes comporteront des cortèges, la formation de groupes en manière de « tableaux vivants », des discours, des auditions musicales... Quelles sont les indications architecturales qu'on peut recueillir d'un tel programme ?

La première et la plus importante sera celle des « niveaux différents ». Nous en avons déjà parlé à propos des spectateurs. Rien de véritablement artistique ne peut être réalisé, semble-t-il, avec l'uniformité de niveau. Les anciens — les Chaldéens et les Egyptiens notamment — comprenaient beaucoup mieux que nous la valeur artistique des « marches ». Les modernes en font de simples perrons utilitaires et, loin de chercher l'occasion de créer ces perrons, ils s'ingénient à les éviter partout où faire se peut.

Quant à établir, là où ce n'est pas indispensable, des plateformes de hauteur variable, ils s'en garderaient comme d'une faute impardonnable. Terrasses, perrons, terre-pleins, plans inclinés, nous n'hésitons pas à le dire, seraient une des sources d'eurythmie les plus certaines pour la cité olympique et, pour les cérémonies qui s'y dérouleraient, une certitude de beauté ample et de majestueuse grandeur. On comprendra qu'il y faille de préférence une décoration légère, presque aérienne ; mais les Pharaons eussent adopté le lourd et le massif et réalisé quand même quelque chose de beau et de grand... Encore une fois, n'enchaînons pas l'inspiration. Notre but est de la servir et non de la lier.

Nous arrêterons là ces observations sur le caractère desquelles nous nous sommes déjà clairement expliqués à plusieurs reprises. Fournir les données techniques nécessaires, préciser le sens et la portée du programme imposé aux participants du concours d'architecture, telle était la double tâche que la *Revue Olympique* s'était assignée. Aux architectes maintenant de réaliser le grand rêve, de faire jaillir de leur cerveau une Olympie resplendissante, à la fois originale dans son modernisme, et imposante dans son traditionalisme, mais surtout parfaitement appropriée à son rôle. Et qui sait ? L'heure sonnera peut-être où le rêve déjà noté sur le papier, s'édifiera réellement. Qui peut dire l'avenir réservé à une institution aussi noble, séduisante et utile que les Jeux Olympiques. Un mécène voudra peut-être quelque jour leur consacrer une demeure permanente en rapport avec leur importance et leur beauté. Ainsi il n'y a dans le concours ouvert par le Comité International Olympique rien d'inaccessible aux espérances des concurrents. L'œuvre à laquelle on les convie est en tous cas une œuvre salutaire et saine, tendant à sceller plus fortement l'alliance si heureusement renouée entre le muscle et l'art.

914 — Auxerre. Imprimerie E. JATTEFAUX, rue de Valmy, 11.